MW01679839

Éditions Usborne

Pourquoi dois-je faire du sport ?

Kate Knighton et Susan Meredith

Illustrations : Christyan Fox

Maquette : Hannah Ahmed

Expert-conseil : Richard Winsley, Université d'Exeter

Pour l'édition française : Traduction : Claire Lefebvre

Rédaction : Renée Chaspoul et Nick Stellmacher

Rédaction : Jane Chisholm

Collaboration à la maquette : Sam Chandler
Manipulation photographique : John Russell

Conseils supplémentaires
(pour rester en forme) :
Julie Brunton et Linda Quinn

Sommaire

Lève-toi et bouge !

Notre corps est fait pour bouger – courir, sauter, attraper ou danser. Cependant, depuis l'apparition des premiers hommes, le monde a bien changé.

Des grottes aux canapés

Il n'y a pas si longtemps, les gens avaient encore une vie quotidienne active. Ils n'avaient pas le choix ; il fallait marcher pour aller à l'école ou au travail, et de nombreux métiers et tâches ménagères demandaient un gros effort physique. Les nouvelles inventions ont tout bouleversé.

Bien que des machines telles qu'ordinateurs, téléviseurs et voitures soient formidables, elles incitent à rester assis, et donc à faire moins d'exercice physique. Ajouté à cela, un régime basé sur la malbouffe n'arrange rien, au point que nombre de personnes sont en surpoids, voire obèses, ce qui nuit à la santé.

Regarder la télévision ou manger un hamburger de temps en temps est sans conséquence, mais, pour rester en bonne santé, exercice et régime alimentaire sain sont indispensables. Alors, il est temps de changer et de te remuer !

Des excuses, encore des excuses...

Beaucoup de gens ont du mal à rester actifs. Ils manquent de motivation pour se prendre en main. L'exercice est perçu comme ennuyeux et source de complications.

Chacun a déjà ressenti cela. Il y a déjà tant de chose à faire – l'école, les amis, la famille... Et, en grandissant, l'adolescent que tu es devenu peut éprouver de la timidité à montrer son corps, ce qui peut te décourager de faire du sport.

Mais, quelle que soit la raison qui te retienne, il faut passer outre. Trouve quelque chose que tu aimes faire et tu verras ton énergie et ton assurance décupler. Les pages suivantes devraient te convaincre de tous les aspects positifs que tu retireras à te sentir bien dans ton corps.

Les bénéfices de l'exercice

Alliée à une alimentation saine, l'activité physique entretient la vitalité du corps. Ils augmentent sa force et le rendent capable d'améliorer ses performances. En outre, tu te sentiras plus détendu et mieux dans ta peau, prêt à affronter tout ce qui se trouvera sur ton chemin.

Prévenir les maladies

L'exercice renforce le système immunitaire, ce qui aide à combattre les maladies. En pleine forme, tu seras moins sujet aux rhumes ou à d'autres d'infections.

Une bonne forme réduit aussi le risque des maladies graves qui apparaissent souvent avec l'âge – problèmes cardiaques, tension, diabète ou même certains types de cancer.

Décompressé... et plein d'énergie

Tu seras étonné de tout le bien-être que l'exercice peut apporter. Il réduit le niveau de stress, et donc d'inquiétude. Ton agressivité disparaîtra, en particulier si tu focalises ton énergie dans de saines compétitions sportives.

Après t'être bien dépensé, tu dormiras mieux et tu découvriras que le lendemain, tu débordes d'une énergie renouvelée. Tu seras également plus alerte, plus vif d'esprit, capable de mieux te concentrer. En fin de compte, tu y gagneras de l'assurance.

Sois sociable

Le sport est un bon prétexte pour sortir entre amis et faire de nouvelles connaissances. Apprendre à travailler en équipe, avec d'autres, n'est pas seulement utile dans la pratique d'un sport, mais aussi dans la vie quotidienne.

Une activité physique ne t'oblige cependant pas à entrer dans une équipe sportive. Il y a bien d'autres façons d'entretenir ta forme. Tu trouveras de nombreuses idées en pages 12-13.

Bien dans ta peau

En faisant de l'exercice, tu te sentiras mieux dans ta peau, donc plus motivé. Non seulement tu amélioreras ta posture et ton équilibre, mais tu développeras des muscles forts et toniques. Ton teint et ta peau respireront la santé. C'est aussi un excellent moyen de maintenir un poids idéal ou, au besoin, d'en perdre.

En forme pour la vie

Des études ont démontré que les gens qui font de l'exercice durant leur jeunesse gardent cette bonne habitude tout au long de leur vie. Ils ont de meilleures chances d'être en forme longtemps, et de vivre plus vieux.

Quels exercices comptent ?

Tu pourrais avoir l'idée fausse que l'exercice passe obligatoirement par un sport traditionnel, comme le tennis ou l'athlétisme. En fait, sortir ton chien, danser ou jouer dehors, c'est aussi de l'exercice.

L'exercice c'est l'activité physique, qu'elle soit intense, modérée ou légère. Un exercice modéré accélère ton rythme cardiaque et t'essouffle. Un exercice intense fait battre ton cœur encore plus vite et t'essouffle davantage. Ces deux types d'exercices sont bons pour la forme, mais même un exercice léger est mieux que pas du tout.

Pour tester la difficulté de ton exercice, pense « chante, parle, halète ». Si tu peux aisément chanter pendant ton activité physique, c'est qu'elle est vraiment trop facile.

Si tu halètes, le souffle court, c'est que l'exercice est trop dur.

Mais si tu peux échanger une phrase ou deux, c'est parfait.

De combien d'exercice ai-je besoin ?

Arrange-toi pour faire une heure d'exercice par jour, dans l'idéal, un mélange d'activité intense et modérée, au moins cinq jours par semaine. Si tu n'as pas l'habitude, commence par une demi-heure par jour et augmente graduellement.

Tu n'es pas obligé de faire cette heure en une fois. Tu peux, par exemple, passer 10 minutes à marcher à vive allure vers l'arrêt de bus, 20 minutes à pratiquer un jeu intense sur le terrain de sport, 10 minutes à marcher pour rentrer chez toi, et 20 minutes à faire du roller avec un copain. Bien entendu, tu peux toujours en faire plus si tu veux.

Il ne faut pas non plus devenir obsédé. Si tu as été randonner en montagne, ou que tu as participé à une compétition de natation la veille, tu peux te reposer un peu le lendemain. Mais il est préférable de faire de l'exercice régulièrement, plutôt que de t'épuiser un jour puis de ne rien faire pendant une semaine.

Commence en douceur

À moins que tu ne sois déjà bien entraîné, commence par établir de petits changements dans ta vie, que tu peux intégrer rapidement.

Plutôt que de prendre le bus, marche sur une partie du trajet. Rends-toi chez un ami en vélo au lieu de te faire conduire, va à pied jusqu'aux commerces et reviens en portant les courses, ou mets de la musique entraînante et danse dans ta chambre.

Comment m'y mettre ?

Le plus important est de trouver quelque chose que tu aimes vraiment faire, car tu persévéreras plus facilement. Avec un peu de chance, tu découvriras un sport qui te passionnera tant que tu le pratiqueras le reste de ta vie.

À toi de choisir

Réfléchis à ce que tu aimes faire. Préfères-tu les jeux d'équipe, les sports à pratiquer avec un ami, ou ceux que tu peux faire seul ? En procédant par élimination, tu pourras déterminer l'activité qui te conviendra le mieux.

Il se peut que ton école te propose déjà un certain nombre d'options sportives, auquel cas tu n'auras peut-être pas à chercher plus loin. Mais si le sport à l'école ne t'intéresse pas vraiment, renseigne-toi afin de savoir ce qui existe dans ta communauté locale.

Existe-t-il des clubs ou des cours où tu peux t'inscrire ? Si tu n'es pas sûr de ce qui s'offre à toi, renseigne-toi auprès du centre sportif le plus proche ou à la bibliothèque. Regarde également dans le journal local, ou bien cherche sur Internet.

En pages 12-13, tu trouveras une liste, non exhaustive, d'activités sportives.

Avant de t'engager

Avant de prendre une décision, tu dois d'abord passer en revue quelques points importants.

* **Le prix** – très variable d'un sport à l'autre. Avant de t'inscrire à une série de cours ou dans un club, assure-toi que la personne qui devra payer accepte les frais.
* **Un essai** – si tu es vraiment attiré par un sport, renseigne-toi pour savoir si tu peux d'abord faire un essai ou assister à un cours.
* **L'équipement** – de quel équipement auras-tu vraiment besoin ? Informe-toi du prix, ou de la possibilité de le louer ou de l'emprunter au début.
* **L'heure et l'endroit** – peux-tu pratiquer cette activité près de chez toi et à un horaire convenable ? Tu iras d'autant plus régulièrement que tu n'auras pas un long trajet.

Une chose à la fois

Débuter dans une nouvelle activité demande de la persévérance. Il faut du temps et de la pratique pour acquérir de l'expérience. Ne te décourage pas si les débuts sont laborieux. Dès que tu commenceras à progresser, tu te sentiras fier de toi.

Et, si après avoir essayé avec toute ta volonté, tu t'aperçois que l'activité n'est pas faite pour toi, ne te démoralise pas. Choisis-en une autre et repars à zéro.

Et si je déteste le sport ?

Tu n'as vraiment pas envie de faire du sport ? Es-tu certain que rien ne te plairait ? Jette quand même un coup d'œil à cette liste. Peut-être trouveras-tu quelque chose qui t'inspirera. Et si tu ne sais pas de quoi il s'agit, regarde sur Internet.

Aérobic
Aqua aérobic
Arts du cirque
Arts martiaux
Athlétisme
Aviron
Badminton
Baseball
Basketball
Bowling
Boxe
Canoë-kayak
Cerf volant
Claquettes
Course
Course d'orientation
Cricket
Cross (course à pied)
Cyclisme
Danse africaine
Danse classique (ballet)
Danse de rue
Danse en ligne
Danse indienne (bhangra)
Danse indienne Bollywood
Descente en rappel
Entraînement en circuit (circuit training)
Équitation
Escalade
Escrime
Football

Golf
Gymnastique
Hockey
Hula-hoop (cerceau)
Jogging
Jonglage
Judo
Karaté
Lacrosse
Lancer de disque
Luge
Marche
Marche rapide
Natation
Netball
Patinage
Patins à roulettes
Planche à voile (surf)
Plongeon
Randonnée
Randonnée nordique
Rugby
Salsa

Saut à la corde
Skateboard
Ski
Ski nautique
Snowboard
Squash
Surf
Taekwondo
Tai-chi-chuan
Tennis
Tennis de table
Tir à l'arc
Trampoline
Voile
Volley-ball
Water polo
Yoga

La forme, c'est quoi ?

Pour avoir une bonne condition physique, il te faut de l'endurance, de la force et de la souplesse. Mais de quoi s'agit-il exactement et comment y parvenir ?

Travaille ton endurance

L'endurance, c'est la capacité à continuer – plus d'une minute – un exercice, comme le jogging, qui fait travailler les muscles de tes bras et de tes jambes et t'essouffle.

Pour produire l'énergie nécessaire, tu as besoin de beaucoup d'oxygène. Le cœur et les poumons doivent travailler dur afin d'approvisionner les muscles. On dit qu'un tel sport se fait en « aérobie », c'est-à-dire avec de l'oxygène.

Parmi les exercices en aérobie, on peut inclure la danse, la natation, la marche rapide, le cyclisme, l'aviron, l'aérobic, et tout ce qui fait bouger vite pendant au moins une minute.

En pratiquant régulièrement un exercice en aérobie, environ une heure presque chaque jour, tu renforceras ton cœur et tes poumons et tu gagneras une bonne musculature. Tu seras capable, par exemple, de courir sans effort pour prendre le bus. De plus, avec un cœur solide, tu risqueras moins d'avoir une maladie cardiaque en vieillissant.

En brûlant les calories de l'alimentation, l'exercice en aérobie contribue également à maintenir un poids idéal.

Fais travailler tes muscles

Une musculature tonique facilite l'exercice. Cela te donne plus d'endurance et d'énergie, et aussi, évite les blessures.

Il y a deux façons, pour les muscles, de bien fonctionner. On peut se servir de sa force musculaire, c'est-à-dire utiliser ses muscles pour une action, comme soulever une lourde charge, ou on peut avoir de l'endurance, c'est-à-dire la capacité d'utiliser un groupe de muscles pour répéter une action : les muscles du ventre quand on fait des abdominaux, par exemple.

Ce type d'exercice est dit « anaérobie », ce qui signifie « sans oxygène », car le corps n'a pas besoin d'un apport supplémentaire en oxygène.

Il existe des moyens simples de tonifier la musculature : faire de l'escalade dans une cage à grimper, du skateboard, des exercices d'équilibre, comme l'équilibre sur les mains ou le saute-mouton. Tu trouveras d'autres idées en pages 34-35.

Travaille ta souplesse

Être souple signifie pouvoir bouger les articulations – les zones de jonction des os – dans toute leur amplitude. Ainsi, les gymnastes et les danseurs, d'une grande souplesse, sont capables de faire des mouvements incroyables.

C'est en étirant tes muscles que tu t'assoupliras. Allongés et détendus, ils deviennent plus élastiques. Hormis la gym et la danse, le yoga et les arts martiaux, comme le judo, sont bons pour la souplesse.

Que se passe-t-il en moi ?

Plus tu pratiqueras une activité physique, plus tu te sentiras en forme pour en faire plus. Tu seras aussi plus heureux. Mais comment cela fonctionne-t-il ?

Au cœur des choses

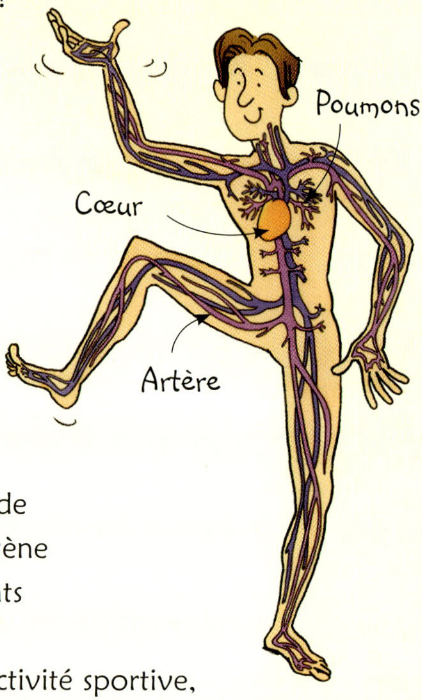

Le cœur est un gros muscle qui, comme les autres, a besoin de travailler. Il se contracte et se relâche : on dit qu'il bat. À chaque contraction, le sang, expulsé du cœur par les artères, est pompé à travers tout l'organisme.

Quand tu fais de l'exercice, il bat plus vite et pompe davantage de sang. Il apporte aux muscles l'oxygène supplémentaire et tous les nutriments dont ils ont besoin.

Si tu commences seulement une activité sportive, il se peut que tu sentes les martèlements de ton cœur. Mais en faisant régulièrement de l'exercice, ton cœur se renforcera et pompera plus efficacement. Il ne battra plus aussi vite. Avoir un cœur fort évite les maladies cardiaques, entre autres.

Les sportifs de haut niveau ont souvent un cœur lent ; c'est qu'ils sont en très bonne condition physique.

Une bonne circulation

Faire de l'exercice régulièrement améliore la circulation en rendant les vaisseaux sanguins plus élastiques et en ouvrant même de nouveaux réseaux.

Le flux sanguin est plus homogène. Si tu manges des aliments gras et que tu ne fais pas assez de sport, la graisse peut s'accumuler dans tes artères. Elles deviennent plus étroites et le sang a du mal à passer. Cela peut conduire à une maladie cardiaque ou, si une artère du cerveau est bouchée, à une attaque cérébrale.

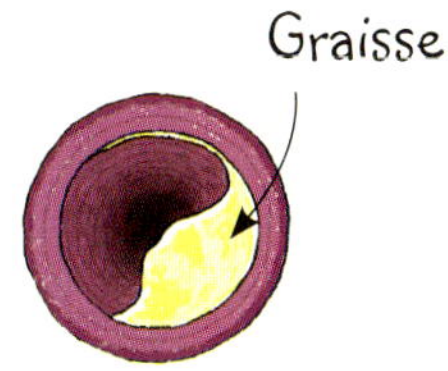

Coupe d'une artère partiellement obstruée par de la graisse.

Être en bonne forme permet aussi de stabiliser le taux de sucre sanguin, et de se protéger contre le diabète de type 2, une maladie grave due à un excès de sucre.

Respire à fond

En respirant, tu absorbes l'oxygène de l'air qui entre par ton nez et ta bouche puis descend dans tes poumons. Quand tu t'actives, tu as besoin de plus d'oxygène et pour cela, tu respires plus fort.

Au début, tu auras sans doute le souffle court, mais en améliorant ta condition physique, tu respireras mieux, car tes poumons, plus forts, deviendront de plus en plus efficaces.

La force musculaire

Les muscles qui enveloppent le squelette le soutiennent, l'empêchant de s'effondrer sur lui-même, et te permettent de bouger. En se contractant et en se relâchant, ils tirent sur les os. Ils travaillant souvent par paire.

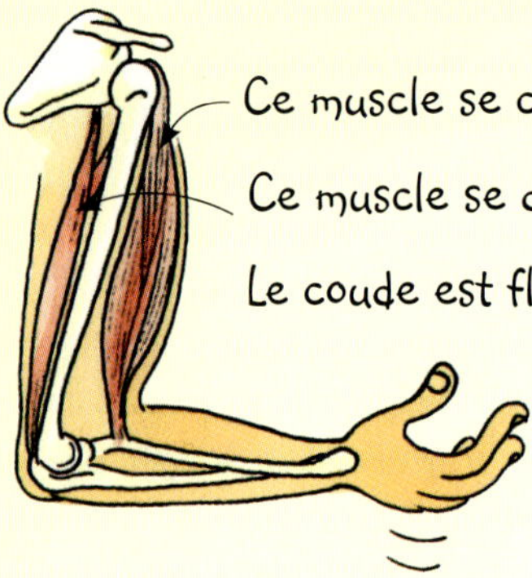

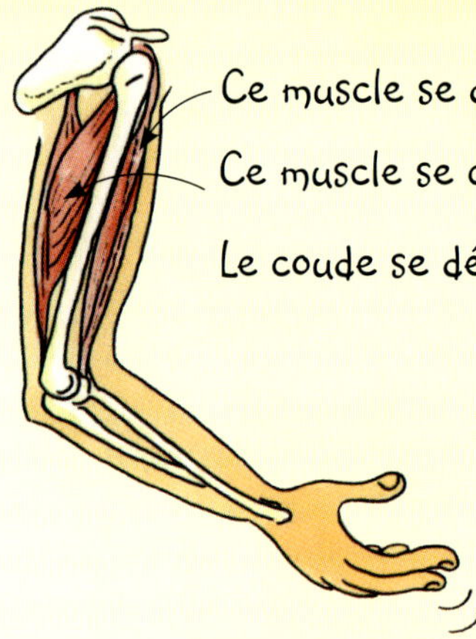

Si tu n'utilises pas tes muscles, ils s'affaiblissent et deviennent paresseux. En revanche, si tu bouges, leurs fibres s'épaississent et ils se contractent plus énergiquement. Tu peux donc les faire travailler davantage sans courbatures.

Plus tu en fais, mieux ton squelette sera soutenu et moins tes articulations seront sollicitées. Avec une bonne musculature, tu risqueras moins de tomber, et même si cela t'arrive, tes muscles te serviront d'amortisseur.

L'activité accélère également le métabolisme – la vitesse à laquelle les muscles brûlent les calories de l'alimentation – et contribue donc à conserver au corps un poids sain.

Des os plus robustes

Des os soumis à un peu de stress – course, danse ou saut à la corde, par exemple – réagissent en devenant plus denses et plus forts, et risquent moins de se fracturer. Tu dois développer autant que possible ton « capital osseux » pendant que tu es jeune. En vieillissant, tu risqueras moins d'être atteint d'ostéoporose, une maladie qui fragilise les os et les rend cassants.

Bouger les articulations les renforce, les lubrifie et les protège, donc, quand tu seras vieux, elles seront moins raides et moins douloureuses.

Un cerveau apaisé

L'exercice favorise la sécrétion d'endorphine par le cerveau, une substance source de bien-être. On se sent détendu, heureux et revigoré. En outre, des études scientifiques ont montré que l'exercice peut être aussi efficace que les médicaments dans le traitement des dépressions modérées.

Il est également possible qu'une bonne forme physique ait une influence sur le développement de nouveaux neurones – le sport pourrait-il te rendre plus intelligent ?

Le cerveau envoie des messages aux muscles via les nerfs, qui se ramifient dans tout le corps. Avec l'exercice, les messages sont transmis plus efficacement, ce qui améliore la coordination et la réactivité. Tes mouvements n'en seront donc que plus élégants.

S'échauffer... récupérer

Avant un exercice énergique, l'échauffement est indispensable. Si tu te précipites alors que ton corps n'est pas prêt, tu seras raide et lent. L'échauffement permet également d'éviter les crampes et les claquages musculaires.

Ça consiste en quoi, l'échauffement ?

Tu as certainement déjà vu des sportifs s'échauffer à la télévision – courir ou s'étirer avant une rencontre ou une épreuve. L'échauffement réveille le corps et le prépare à l'effort. Il augmente le rythme cardiaque – le pouls – afin de pomper davantage de sang à travers l'organisme. Le sang arrive aux muscles et les réchauffe, ce qui les assouplit. L'échauffement détend également les articulations.

Comment faire ?

Un moyen simple de s'échauffer est de faire un petit jogging de deux minutes sur place, en exécutant des petits cercles avec les bras, dans un sens puis dans l'autre.

Tu peux également effectuer une version lente de ce que tu es sur le point de faire. Par exemple, si tu t'apprêtes à jouer au tennis, balance ton bras comme pour mimer un coup, puis saute légèrement d'un pied sur l'autre afin d'échauffer tes jambes.

Les vêtements

Afin de t'échauffer plus facilement et d'éviter d'éventuelles blessures, mieux vaut commencer en portant plusieurs vêtements superposés, que tu pourras retirer au fur et à mesure. Ainsi, tu pourras les remettre au cours de ta récupération.

Un peu d'étirements

Dès que ton pouls s'accélère et que tu es réchauffé, tu peux faire quelques étirements. Plusieurs idées te sont proposées aux pages suivantes.

Faire correctement les étirements est très important dans les activités qui nécessitent des mouvements brusques ou des changements de direction soudains, par exemple le badminton ou le football.

Reprends ton souffle

La récupération après l'effort est aussi importante que l'échauffement et fonctionne sur le même principe. Mais au lieu d'accroître ton rythme cardiaque, tu le diminues peu à peu jusqu'à un retour à la normale. Pour y arriver, le meilleur moyen est de poursuivre l'activité en ralentissant l'allure.

Pendant que tes muscles sont encore chauds, pense à refaire des étirements – tu auras moins de courbatures le lendemain.

Les étirements

Voici quelques étirements à faire au cours de ton échauffement ou de ta récupération, ou simplement pour améliorer ta souplesse. Pour l'échauffement, maintiens l'étirement environ 10 secondes, pour la récupération, jusqu'à 25 secondes. Étire chaque côté à tour de rôle.

Thorax

Tiens-toi debout les bras tendus derrière le dos et claque des mains. Élève les mains en gardant les bras légèrement pliés, la poitrine et le menton bien dégagés.

Côtés

Place-toi debout, les pieds écartés de la largeur de tes épaules. Penche-toi sur le côté, en pliant la taille et en tendant un bras vers la jambe. En même temps, étire l'autre bras au-dessus de la tête. Tu peux sentir le côté s'étirer.

Genoux

Place une jambe en avant de l'autre, les deux pieds dirigés vers l'avant. Ploie le genou avant en gardant le talon arrière au sol.

Avant des cuisses

Appuie-toi sur un support pour garder l'équilibre. Puis soulève un pied en arrière et attrape-le avec la main. Tu peux sentir l'étirement du muscle de la cuisse. Garde les genoux rapprochés.

Arrière des jambes

Place une jambe en avant de l'autre, les deux pieds vers l'avant. Fléchis la jambe arrière et raidis la jambe avant. Place les mains sur la cuisse de la jambe pliée et sens l'étirement à l'arrière de la jambe tendue.

Arrière des cuisses

Assieds-toi sur le sol, jambes tendues légèrement écartées. En gardant le ventre rentré et le dos droit (pas arrondi), étire les bras en douceur vers chaque pied. À force de pratiquer cet exercice, tu finiras par les toucher.

Qu'est-ce que je risque ?

L'activité physique est toujours un atout pour la santé, mais il faut rester prudent. Quelques règles de sécurité sont à connaître, au cas où il t'arriverait quelque chose, à toi ou à un ami.

Écoute ton corps

Quand tu n'es pas bien, en particulier quand tu souffres ou que tu as de la fièvre, laisse tomber le sport.

Si une douleur survient au cours de l'activité, arrête immédiatement. Si tu peux marcher, ne t'arrête pas de bouger complètement, afin que ton corps puisse refroidir progressivement. Si tu as le vertige ou la nausée, c'est que tu en fais sans doute trop. Assieds-toi et bois un peu d'eau. Demande à un ami d'appeler un adulte et explique ce qui se passe.

Faire trop d'exercice, c'est possible ?

Certains sont si anxieux de réussir, ou si obsédés par leur ligne, qu'ils en font trop. Ils sont stressés à l'idée de manquer un entraînement et y vont même s'ils sont malades, ou sont si préoccupés qu'ils ratent d'autres activités importantes, comme de voir leurs amis.

L'excès de sport peut entraîner des blessures sérieuses ou simplement user le corps. Si tu crois que tu en fais trop, ou qu'un ami se surmène, parles-en à un adulte de confiance qui pourra t'aider à trouver une solution.

Et si je suis intimidé ?

Au début, il se peut que tu ne veuilles pas faire de l'exercice devant les autres, en particulier si tu es en surpoids. Introduis l'activité dans ta vie de façon progressive. Tu peux faire les exercices des pages 34-35 ou du saut à la corde (voir page 32) chez toi. Dès que tu en auras pris l'habitude, tu te sentiras plus confiant dans un groupe.

Une alimentation saine et une activité physique régulière sont les meilleurs moyens de perdre du poids en toute sécurité.

Trop de pression

Il se peut que tu aies l'impression de subir trop de pression de la part de tes parents, professeurs ou entraîneurs, surtout si tu es doué dans un sport. Leur seul but est probablement de t'encourager, mais tu peux penser que leurs aspirations sont trop élevées. Pratiquer un sport doit rester amusant et faire des erreurs n'est pas grave – c'est ainsi qu'on apprend.

Si quelque chose te contrarie vraiment, parles-en à quelqu'un de confiance. Peut-être qu'un autre groupe, ou un autre sport, te conviendrait mieux.

Améliorer les performances

Certains sportifs prennent des produits pour améliorer leurs performances – compléments alimentaires, voire drogues. Ces dernières, illégales, sont une tricherie vis-à-vis des autres concurrents qui ne comptent que sur leur talent et leur entraînement. Elles ont également de dangereux effets secondaires sur la santé.

Jeux de ballon et de balle

Les pages suivantes proposent des jeux faciles à partager entre amis, à l'heure du déjeuner ou après l'école. Tu n'as besoin que d'un ballon (ou d'une balle) et d'un terrain dégagé. Comme tu t'amuseras, tu ne te rendras pas compte que tu fais de l'exercice.

Ballon prisonnier

Se joue à cinq joueurs ou plus, avec un ballon mou, en éponge ou en mousse (les balles en caoutchouc ou de tennis font mal).

1. Délimitez un cercle en espaçant les jalons de 25 pas environ (vous pouvez utiliser vos sacs, ou bien faire des cercles à la craie si la surface est dure). Choisissez un « prisonnier ».
2. Il se place au centre, et les autres joueurs se mettent autour du cercle.
3. Les joueurs lancent le ballon dans le cercle, en essayant de frapper le « prisonnier » sous les genoux (s'il est touché au-dessus, ça ne compte pas). Le prisonnier reste dans le cercle en essayant d'éviter le ballon.
4. Le joueur qui touche le prisonnier doit le remplacer au centre. Si ce dernier attrape le ballon, il doit le rendre. Une variante : s'il attrape le ballon d'un joueur, celui-ci doit prendre sa place au centre.

* Autres variantes : jouez avec deux ballons, ou deux prisonniers se tiennent par la main et évitent le ballon ensemble – plus facile à dire qu'à faire !

Bien joué

Se joue avec un ballon et un panier de basket, et au moins deux joueurs. Ce jeu t'apprendra à marquer.

1. Le premier joueur choisit un endroit et essaie de marquer un panier. S'il n'y parvient pas, le second joueur choisit une place et tente à son tour.
2. Si le panier est marqué, les autres joueurs doivent l'imiter depuis le même endroit. Chaque joueur qui marque reçoit la lettre B.
3. Chacun, à son tour, tente de marquer et reçoit une lettre, jusqu'à ce qu'un joueur puisse écrire « Bien joué ». Le jeu peut s'arrêter là ou se poursuivre jusqu'à ce que tous les joueurs aient « Bien joué ».

Football

Il existe deux versions simples du football qui te feront courir. Chacune nécessite un « but » et un gardien de but.

* Trois buts marqués : chacun tente de marquer individuellement et celui qui marque trois buts devient gardien.

* En paire : les joueurs se mettent par deux et essaient de marquer.

Cricket français

C'est une version simplifiée du cricket, qui se joue rapidement afin que chacun puisse être lanceur, batteur et joueur de champ. Il faut une batte de cricket ou une raquette de tennis (plus facile pour frapper la balle), une balle de tennis et un terrain dégagé.

1. Le batteur se place au centre du terrain avec un nombre choisi de joueurs tout autour.
2. Un joueur commence comme lanceur. Il lance à la cuillère, visant le batteur sous les genoux. Le batteur tente de frapper, ou au moins, de bloquer la balle. Il ne doit pas bouger les jambes.
3. Si le batteur frappe la balle, les joueurs de champ tentent de la rattraper ou de la rapporter. Quand l'un d'eux a la balle, il ne doit plus bouger, mais lancer la balle au batteur de là où il se trouve, ou la renvoyer à un autre joueur pour qu'il la relance. Les jambes du batteur étant immobiles, il peut toutefois pivoter au niveau de la taille pour faire face au lanceur, utilisant la batte comme protection de jambes.
4. Si la balle frappe les jambes du batteur, ou si le lanceur ou le joueur de champ l'attrape, le batteur est éliminé. Celui qui élimine le batteur devient batteur à son tour.

* S'il y a suffisamment d'espace pour lancer loin, un repère peut être placé à quelques mètres du batteur. Tandis que les joueurs de champ récupèrent la balle, il doit courir de l'un à l'autre pour marquer des points, et s'arrêter dès que la balle est revenue au lanceur.

Jouer à chat entre amis

Jouer à se poursuivre est un excellent exercice, et tu peux toujours y faire participer des amis plus jeunes. Le jeu sera plus drôle si vous êtes au moins six.

Vous pouvez jouer à chat à la façon classique : chacun joue une « souris » et celle qui est prise devient le « chat ». Mais il existe aussi d'autres variations amusantes.

Chat glaçon

Attrapée, la « souris » doit se figer sur place, les bras tendus. Elle n'est libérée que si un autre joueur passe en courant sous son bras. La dernière à être prise devient le « chat ».

Si vous êtes plus de six joueurs, le jeu sera plus intense avec deux « chats ».

Chats enchaînés

La « souris » attrapée doit s'enchaîner au bras du « chat ». Ensemble, ils essaient de prendre d'autres souris pour allonger la chaîne. Les joueurs doivent rester accrochés et seuls ceux qui ont un bras libre peuvent capturer les souris.

Le frisbee

Jouer au frisbee est idéal pour entretenir ta forme, t'amuser avec tes amis, et améliorer tes lancers et ton habilité à rattraper. Les disques sont bon marché et légers. Ce jeu ne demande pas de préparation, et si tu ne l'as jamais pratiqué, il est facile à apprendre. Il nécessite cependant beaucoup d'espace – un parc ou une plage, par exemple.

Comment lancer le frisbee ?

Il y a un lancer classique. La technique est plus importante que la force, donc, pas besoin de lancer très fort.

Place-toi de biais, l'épaule du bras lanceur en avant. Fléchis ton bras en arrière en reportant ton poids sur le pied de derrière.

Tout en transférant ton poids sur le pied de devant, détends ton bras et ton poignet dans la direction où tu veux lancer le disque, et lâche-le.

Tiens le disque avec le pouce sur le dessus.

Réceptions

« Mâchoires de crocodile »

Attrape le disque des deux mains, bras tendus, en le coinçant entre tes paumes, puis ramène-le vers ton corps.

« Coin-coin »

Pour saisir un disque volant haut, ouvre largement la main, pouce vers le bas, comme le bec d'un canard.

Jeu de frisbee

En jouant à ce jeu rapide, tu amélioreras rapidement ton habilité.

* Faites deux équipes et tracez une ligne de marque à chaque extrémité du terrain. Décidez du temps d'un engagement, 15 minutes pour marquer, par exemple.
* Un joueur lance le disque dans la zone de l'équipe adverse.
* Les joueurs tentent de faire remonter le terrain au disque en le lançant aux autres membres de leur équipe. Le but est de finir l'engagement en passant le frisbee à un joueur situé derrière la ligne de marque de l'équipe opposée. Les membres de l'équipe adverse tentent de l'intercepter.
* Un joueur qui attrape le disque n'a le droit de faire que trois pas avant de le passer.
* Si le disque tombe ou sort du terrain, l'équipe adverse a droit à un lancer depuis le point de chute.
* À la fin de l'engagement, l'équipe qui a le plus de points gagne.

Saute à la corde !

Sauter à la corde est un excellent exercice pour développer la résistance et renforcer les os. Tu peux le faire seul ou avec des amis, et tu n'as besoin que d'une corde à sauter.

Pas que pour les filles

Sauter à la corde, un truc de filles ? En fait, le saut à la corde rapide fait partie de l'entraînement des boxeurs, footballeurs et athlètes, et les cordes sont un équipement standard en gymnastique.

Choisir ta corde

Tu peux acheter une corde avec des poignets, mais pour un entraînement sérieux, un morceau de corde à linge plastifiée sera plus efficace. Il tournera plus rapidement qu'une corde traditionnelle et tu pourras le couper à la bonne longueur : quand tu marches dessus, la corde doit venir sous tes aisselles. Prévois-la un peu plus longue, afin de pouvoir enrouler les extrémités autour de tes mains.

Sauter en solo

Tu peux sauter à la corde sur un pied ou à pieds joints. Au début, tu devras probablement sursauter entre deux sauts à pieds joints, quand la corde passera au-dessus de ta tête. Combien de sauts peux-tu faire avant de trébucher ?

Dès que tu y arrives, essaie des « doubles » – deux rotations de corde tous les trois sauts, par exemple. Tu devras sauter plus haut.

La musique t'aidera à prendre le bon rythme. Essaie de trouver des chansons (sur Internet, ou demande à ton école) que tu peux utiliser pour sauter à la corde.

Tous ensemble

Pour sauter avec tes amis, il vous faut une corde plus longue et deux personnes pour la faire tourner. Il y a deux façons de jouer : celui qui rate remplace un de ceux qui tiennent la corde, ou chacun manie la corde à tour de rôle.

Voici quelques variations à essayer :

* Entrez dans la corde l'un après l'autre, faites un nombre précis de sauts et sortez.
* Faites une figure pendant que vous sautez : par exemple, touchez le sol, tendez les bras au-dessus de la tête, montez les genoux, touchez votre pied ou faites un saut écart.
* Sautez à deux, ou à plusieurs, en même temps.

* L'un de vous fait tourner la corde au ras du sol pendant que tous les autres sautent par-dessus. Celui qui rate sort, jusqu'à ce qu'il n'en reste plus qu'un.

Un peu de musculation

Les exercices proposés dans ces pages te permettront de travailler ta force musculaire. Commence par quelques-uns par jour et augmente au fur et à mesure que ta forme s'améliore. Tu peux aussi les intégrer à un entraînement en circuit (voir pages 36-37). Concentre-toi sur la stabilité du tronc.

La stabilité du tronc

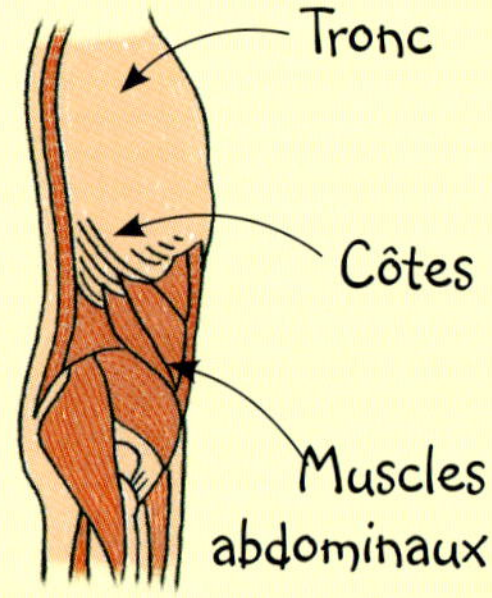

Pour bénéficier des exercices et mieux les faire, le tronc (le haut du corps) doit être stable et fort. Tu amélioreras également ta posture et tu risqueras moins de te blesser.

Utilise les muscles abdominaux (de l'estomac) et ceux du dos pour renforcer le tronc et contrôler tes mouvements. L'effort ne doit pas uniquement provenir des bras et des jambes. En faisant ces exercices, tâche de toujours garder le ventre plat, et n'oublie pas de respirer.

* Les pompes

Allonge-toi sur le ventre, les mains posées près des épaules. Pousse sur les mains de façon à soulever le corps, les bras tendus. Tu dois te retrouver dans la position ci-contre. Demande à quelqu'un de vérifier que tes épaules sont dans l'alignement de tes pieds. Redescends lentement.

Si c'est trop dur, fais des demi-pompes – genoux au sol tandis que tu soulèves le corps et les cuisses.

* Sauts écarts

Place-toi pieds joints, bras le long du corps, et saute en écartant les membres. Reviens à la position initiale.

En variante, tape des mains au-dessus de la tête en sautant.

* Les abdos

Allonge-toi sur le dos, jambes pliées et bras croisés sur la poitrine. Sans raidir le cou, décolle les épaules en contractant les muscles abdominaux. Relâche doucement.

* Le crabe

Assieds-toi par terre puis soulève-toi en poussant sur les mains et les pieds, et marche dans cette position.

* Les flexions

Tiens-toi debout, les pieds écartés de la largeur des épaules et les bras en avant pour t'équilibrer. Fléchis lentement les genoux, sans dépasser le niveau des orteils. Ne descends pas les fesses au-dessous des genoux.

* Superman

Mets-toi à quatre pattes et étire simultanément un bras et la jambe opposée. Maintiens 30 secondes puis change de côté.

Entraînement en circuit

Au cours d'un entraînement en circuit, tu enchaînes de nombreuses activités différentes, chacune dans un temps donné, afin d'obtenir un travail physique complet. Tu peux le faire seul, mais les exercices seront plus variés avec un ami.

Comment organiser un circuit ?

Un circuit est composé de différentes stations où tu pratiques une activité. Utilise des sacs ou des vêtements pour les marquer. Commence avec 6 ou 10 stations, en passant de 30 secondes à une minute pour chacune. Ensuite, tu peux progressivement augmenter leur nombre ou le temps que tu y passes, ou encore, faire le circuit plusieurs fois.

En préparant ton propre circuit, tu peux te concentrer sur les exercices que tu aimes et le modifier afin de ne pas t'ennuyer. L'idéal est de choisir une combinaison d'exercices d'endurance, de force et d'assouplissement. Ton choix dépendra en partie de l'endroit où tu le fais et de l'espace dont tu disposes.

Quels exercices choisir ?

Voici quelques idées pour débuter, mais tu en trouveras d'autres au fur et à mesure.

* N'importe laquelle des activités décrites en pages 34-35 - pompes, sauts écarts, abdos, crabe, flexions, superman.
* Sprinte en zigzaguant entre les stations.
* Cours sur place, mais au lieu d'envoyer les pieds en arrière, monte les genoux vers le torse. C'est plus difficile !

* Dribble un ballon d'une station à l'autre.
* Fais rebondir un ballon d'une station à l'autre ou sur place.
* Sautille en avant et en arrière entre deux stations.
* Déplace-toi sur un ballon kangourou sauteur, en avant et en arrière entre deux stations, ou en zigzaguant autour.

* Fais tourner un cerceau autour de ta taille. Si tu trouves que c'est difficile, essaie plutôt de faire rouler un ballon de foot.
* Étends une corde à sauter au sol. Saute par-dessus à pieds joints, en avant et en arrière, sur toute sa longueur.
* Si la surface est suffisamment souple – sable ou herbe – joue à saute-mouton.
* Fais la roue – essaie de lancer les pieds bien au-dessus de la tête.
* Fais un équilibre sur les mains. Combien de temps tiens-tu ? Peux-tu marcher sur les mains ?
* Fais la brouette.

Jeux pour rire

Ces jeux ont pour but de te faire rire tout en accélérant ton rythme cardiaque. Ils sont drôles à organiser lors de fêtes, quand l'espace est suffisant. Tu trouveras ce dont tu as besoin chez toi, ou à moindre coût dans les commerces.

Bataille de boules de neige

Faites deux équipes et bombardez-vous de « boules de neige » en papier pendant 30 secondes. À la fin de chaque jeu, l'équipe qui a le moins de boules de son côté gagne.

Hockey

Deux équipes doivent envoyer un ballon dans le « but » de l'équipe adverse à l'aide de « crosses de hockey ». Si un joueur frappe le ballon avec le pied ou la main, il y a faute, et l'équipe adverse gagne un coup franc.

Par-la-queue

Poursuivez-vous en essayant de vous attraper la « queue ». Le dernier qui conserve la sienne gagne.

Sens dessus dessous

Ce jeu nécessite des objets incassables pouvant être retournés, par exemple des bols de plastique ou des pots de jardinier. Il en faut cinq par joueur.

Répartissez la moitié des objets d'un côté d'une ligne de démarcation, tous à l'endroit, et l'autre moitié de l'autre côté.

Formez deux équipes, une de chaque côté de la ligne. À « partez », courez du côté opposé, retournez tous les objets, puis revenez de votre côté. La première équipe rentrée l'emporte.

Course de relais à l'éponge

Ce jeu, qui se joue à deux équipes, est idéal par temps chaud. Chacune est munie d'une grosse éponge et de deux seaux espacés de 10 pas, l'un vide et l'autre à moitié plein.

À tour de rôle, chaque joueur trempe l'éponge de son équipe dans l'eau, court vers le seau vide, l'essore, puis court la passer au joueur suivant. La première équipe qui a fini de transférer toute l'eau l'emporte.

Que faire quand il pleut ?

Les jours tristes et pluvieux, te pelotonner sous la couette est sans doute la seule chose que tu aies envie de faire. Mais tu finiras vite par t'ennuyer, alors saute du lit et remue-toi !

Danse comme un fou !

Certains disent ne pas aimer danser, ou ne pas savoir, mais une fois lancés, ils ne peuvent s'empêcher de se détendre et de rire. En outre, si tu danses chez toi, personne ne te verra !

Danser, c'est génial pour la forme physique, pour peu que tu bouges tout le corps, que tu te secoues et que tu te trémousses suffisamment : cela accélère le rythme cardiaque, renforce les os et améliore la souplesse. Mets tes tubes favoris et improvise.

Reste actif

Au lieu de t'avachir devant la télévision ou l'ordinateur, sers-t'en pour t'activer. Procure-toi un DVD qui enseigne la danse, le yoga ou le fitness.

Tu peux également essayer un jeu informatique ou vidéo interactif qui ne te fera pas uniquement remuer les doigts, tel un jeu de danse ou de football, par exemple.

Sois inventif !

Pourquoi ne pas créer toi-même tes propres activités physiques ? Tu pourrais organiser des mini courses en famille ou avec des amis. Par exemple, placez un coussin ou un livre sur votre tête et parcourez à tour de rôle la maison en courant. Qui sera le plus rapide ? Et pour corser le jeu, lancez des défis, comme de faire cinq fois le tour d'une chaise ou de monter l'escalier.

Autres idées d'activités à l'intérieur

Les jours pluvieux, tu peux toujours pratiquer les exercices de musculation des pages 34-35. Si tu disposes d'assez d'espace, organise un circuit.

Combien de tours de cerceau peux-tu faire avant qu'il ne tombe ?

Exerce-toi à te tenir sur les mains en faisant les pieds au mur.

Saute à cloche-pied... ou bondis comme un lapin.

La vitalité dans l'assiette

Faire de l'exercice ne suffit pas – il faut aussi manger correctement. Tu n'as pas besoin d'un régime spécial, mais seulement d'une alimentation saine.

Une alimentation saine

Le corps utilise différents aliments pour différentes tâches. Tu dois donc manger varié et équilibré pour être sûr de recevoir tout ce dont tu as besoin. En outre, certains aliments sont meilleurs que d'autres.

Des combustibles

Les aliments sont des combustibles qui te permettent de rester actif. Ils contiennent de l'énergie sous forme de calories libérées dans l'organisme. Si tu absorbes plus de calories que tu n'en brûles par ton activité, elles se transforment en graisse et tu prends du poids.

Les aliments énergétiques

Le pain, les pâtes, les pommes de terre et le riz contiennent des glucides (hydrates de carbone) que l'organisme transforme en sucre, le glucose, source d'énergie. Les glucides libèrent leur énergie progressivement, ce qui permet de soutenir une activité prolongée. Nouilles, couscous, sarrasin, millet, quinoa, lentilles et avoine sont aussi riches en glucides.

Tes repas doivent inclure beaucoup de glucides, surtout en prévision d'une activité intense.

Dans ton assiette

En un coup d'œil, tu peux voir la proportion d'aliments de chaque groupe qu'il faut manger.

1. Pain, pâtes, pommes de terre, riz, etc.
Mange beaucoup d'aliments énergétiques, riches en glucides.

2. Fruits et légumes
Mange au moins cinq fruits et légumes par jour, frais, congelés ou en conserve. Ils contiennent des vitamines et des minéraux essentiels au corps, dont certains contribuent à combattre les infections. Ils sont riches en fibres qui protègent aussi contre les maladies. (Ce groupe inclut haricots et lentilles, mais pas les pommes de terre.)

3. Lait, fromage, yaourt
Manges-en deux ou trois portions par jour. Les laitages contiennent du calcium, nécessaire pour avoir des dents et des os forts, et faire fonctionner correctement les muscles du corps.

4. Viande, poisson, œufs, noix, haricots, lentilles
Mange deux ou trois portions par jour. Ces aliments apportent des protéines, indispensables quand on est jeune, car elles contribuent à la croissance.

5. Aliments contenant des graisses et/ou du sucre
Limite leur consommation ! Si la graisse apporte de l'énergie, et tu en as besoin d'un peu dans ton alimentation, l'excès est dangereux et conduit à des maladies cardiaques. Le sucre est très énergétique, mais sur une courte durée. Les deux font grossir. Gâteaux, biscuits, sodas et glaces sont des exemples d'aliments riches en graisse et en sucre.

Limite la malbouffe

La malbouffe n'apporte que peu de bienfaits. Préparée industriellement, elle est généralement saturée de sel, de graisse et de sucre. Or, ces substances, absorbées en grandes quantités, peuvent conduire à de sérieux problèmes de santé. La nourriture industrielle contient aussi toutes sortes d'additifs artificiels. Ajoutés aux aliments, ils rehaussent le goût, améliorent l'aspect, la texture et la conservation.

Chips, sucreries, barres chocolatées, sodas, nuggets de poulet, frites et plats préparés, ainsi que les hamburgers, pizzas, pâtisseries et biscuits, sont à classer dans la malbouffe. Tu n'es pas obligé de t'en passer complètement si tu les aimes, mais considère-les comme un petit plaisir occasionnel.

Une alimentation plus saine

Voici quelques idées pour améliorer ton régime :

* Choisis une pomme de terre au four au lieu de frites ou de chips.
* Retire le gras de la viande et la peau du poulet.
* Évite les aliments frits ; ils sont moins gras à la poêle ou au grill.
* Mange des pizzas ou des hamburgers faits maison, plus sains.
* Préfère le pain et les pâtes au blé complet et le riz brun. Ils sont plus riches en vitamines et minéraux que les autres.
* Vérifie que les fruits en boîte sont conservés dans du jus de fruit et non du sirop de glucose.
* Essaie les yaourts bio ou la crème allégée avec les desserts, au lieu de crème entière ou de glace.
* Remplace le lait entier par du lait demi-écrémé.
* Lis les étiquettes. Certains aliments, telles les céréales du petit-déjeuner, semblent sains, mais sont parfois trop salés ou trop sucrés.

En-cas

Pour les coups de barre ou les petits creux, un en-cas est souvent bienvenu. Au lieu de te précipiter sur des chips ou des biscuits, opte pour :

* Un fruit – la banane est vraiment bonne, car très énergétique et riche en sucres naturels.
* Un smoothie aux fruits.
* Des fruits secs, des noix ou des graines – noix de cajou, noix, graines de tournesol ou de citrouille, raisins ou abricots secs.
* Des bâtonnets de carotte, de poivron ou de concombre crus, ou du pain et de l'houmous.
* Un petit pain bagel ou autre avec du beurre de cacahouète.
* Du fromage et des crackers.
* Un bol de céréales complètes allégées en sucre, avec lait écrémé.

Que manger avant l'exercice ?

Le mieux est de manger deux heures avant, sinon tu risques d'être encore en pleine digestion au moment de l'effort, de te sentir apathique, d'avoir une indigestion ou des crampes.

En revanche, s'il s'est écoulé plus de trois heures depuis ton dernier repas, tu auras besoin de refaire le plein d'énergie. Une demi-heure avant l'exercice, ou pendant la pose, mange un fruit ou des noix.

Après ton activité physique, tu auras faim. Mange un petit en-cas.

Boire beaucoup

Pendant l'exercice, il est important de boire suffisamment. En transpirant, tu perds de l'eau que tu dois remplacer pour éviter la déshydratation. Si cela t'arrive, tu auras soif, la bouche sèche ou mal à la tête. Tu pourrais aussi te sentir étourdi, ou seulement très fatigué et brûlant. Si tu ressens l'un de ces troubles, bois de l'eau.

Jus de fruits et boissons

Riche en vitamines, le pur jus de fruits est excellent. Il ne faut cependant pas en abuser, car il contient des acides susceptibles d'abîmer les dents. Méfie-toi des boissons « fruitées ». Elles contiennent généralement beaucoup de sucre, des substances chimiques, et sont pauvres en véritables fruits. Vérifie les étiquettes.

Et les produits et boissons pour sportifs ?

Les barres et les boissons énergétiques sont faites pour donner un coup de fouet. Elles sont très énergétiques car généralement riches en sucre ou en graisse. Si les athlètes professionnels les utilisent, c'est que l'intensité de leur activité entraîne une énorme dépense d'énergie. En mangeant correctement avant et après l'exercice, tu n'en auras pas besoin.

Aller plus loin

Penses-tu avoir besoin d'un peu d'encouragement afin d'améliorer tes compétences ? Voici quelques idées pour t'inspirer.

Lance-toi des défis

Fixe-toi des objectifs. C'est un bon moyen de rester motivé et d'avoir un sentiment d'accomplissement. Note tes progrès sur un tableau. Par exemple, deux fois par semaine, compte les abdominaux que tu peux faire en deux minutes, ou combien de fois tu peux monter et descendre l'escalier en courant. Avec le temps, es-tu capable d'en faire plus ou de tenir plus longtemps ?

Tu peux acheter un podomètre pour compter le nombre de pas ou de kilomètres que tu fais par jour ou par semaine, et tenter de battre ton propre record.

Implique un ami : tu auras de la compagnie, et la compétition sera plus rude !

Surfe sur le net

Internet foisonne de sites qui garderont éveillé ton intérêt pour l'activité physique. Pour en visiter quelques-uns, va sur le site Quicklinks des éditions Usborne à

www.usborne-quicklinks.com/fr

et entre le titre du livre.

Les sites recommandés sont régulièrement revus et mis à jour ; toutefois, les éditions Usborne ne sont pas responsables du contenu de tout site Web autre que le leur.

Index

© 2008 Usborne Publishing Ltd, Usborne House,
83-85 Saffron Hill, Londres EC1N 8RT, Grande-Bretagne.
© 2009 Usborne Publishing Ltd pour le texte français.
Le nom Usborne et les marques sont des marques déposées d'Usborne Publishing Ltd.
Tous droits réservés. Aucune partie de cet ouvrage ne peut être reproduite, stockée en mémoire d'ordinateur ou transmise sous quelque forme ou moyen que ce soit, électronique, mécanique, photocopieur, enregistreur ou autre sans l'accord préalable de l'éditeur. Imprimé en Chine.